Brandon Brown dit la vérité

Cover and Chapter Art by
Robert Matsudaira

by
Carol Gaab

French Adaptation & Translation by

Cécile Lainé

Brandon Brown dit la vérité

Fluency Matters
P.O. Box 13409
Chandler, AZ 85248

info@FluencyMatters.com ~ FluencyMatters.com

ISBN: 978-1-940408-90-3

A NOTE TO THE READER

This fictitious Comprehension-based™ reader is based on fewer than 95 high-frequency words in French. It contains a *manageable* amount of vocabulary and numerous cognates (words that are similar in two languages), making it an ideal first read for beginning language students.

All vocabulary is listed in the glossary at the back of the book. Keep in mind that many words are listed in the glossary more than once, as most appear throughout the book in various forms and tenses. (Ex.: I go, he goes, to go, let's go, etc.) Vocabulary that would be considered beyond a novice level is footnoted within the text, and the meaning given at the bottom of the page where each expression first occurs.

The opinions and events in this story do not reflect or represent the opinions or beliefs of Fluency Matters. This reader is intended for educational entertainment only. We hope you enjoy reading and laughing your way to FLUENCY.

Index

Chapitre 1
Actions malhonnêtes

– Braaandon, appelle la maman de Brandon.

Brandon est sur le sofa. Il est très content. Il est content parce qu'il joue sur le portable de sa maman. Il joue à *Nascar*, son jeu favori ! *Nascar* est une application sur le portable de sa maman. *Nascar* est

Brandon,
est-ce que tu as
mon portable ?

son appli favorite !

Brandon joue à *Nascar* sur le portable de sa maman et n'entend pas sa maman. Le jeu demande toute son attention et Brandon se concentre sur le jeu.

– Braaandon, répète sa maman,

– est-ce que tu as mon portable ?

Brandon continue à se concentrer sur le jeu et n'entend pas sa maman. Il ne

2

prend pas sa maman au sérieux et continue à jouer à *Nascar*.

> – Braaandon ! répète sa maman,
>   irritée.

À ce moment-là, Brandon l'entend,
mais il l'ignore ! Il continue à jouer à *Nascar* !

> – Brandon Brown ! appelle la
>   maman de Brandon, très irritée.
>   – Tu m'entends ?

3

Brandon l'entend, mais encore une fois, il l'ignore. Il ne lui répond pas. Il continue à jouer ! Brandon continue à jouer deux minutes et à ce moment-là, il entend sa maman qui arrive. Il entend sa maman qui arrive rapidement ! Brandon panique et jette le portable. Il le jette et entend un *CRAC* !

À ce moment-là, la maman de Brandon qui n'est pas contente, dit d'une voix irritée :

> – Brandon, est-ce que tu as mon portable ?

> – Non, maman, lui répond Brandon d'un air innocent.

À ce moment-là, Brandon entend un *BIP* du portable. « Oh là là, quel problème ! », pense Brandon, anxieux.

– Brandon, est-ce que tu as mon portable ? Est-ce que tu joues à *Nascar* ? lui demande sa maman, irritée.

– Non, maman, lui répond Brandon, anxieux.

Brandon a deux problèmes : il n'a pas l'autorisation de jouer sur le portable de sa maman et il ne dit pas la vérité à sa maman. Brandon entend le *BIP* encore une fois, et à ce moment-là, il entend la voix de sa sœur, Katie :

– Mamaaan ! appelle sa sœur.

La maman de Brandon entend la voix de sa sœur. « Ma maman a entendu le BIP », pense Brandon, anxieux.

Sa maman n'entend pas le *BIP* et ne continue pas la conversation. Elle abandonne la conversation. « Excellent ! », pense Brandon. « Ma maman n'a pas entendu le BIP. » Brandon est très content.

Chapitre 2
Quel problème !

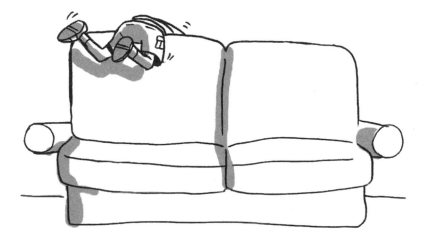

Quand la maman de Brandon s'en va, Brandon prend le portable. Il le prend rapidement et le regarde avec horreur. « Quel problème ! », s'exclame Brandon, paniqué. Le portable est détruit[1] !

¹détruit - destroyed

À ce moment-là, Brandon entend sa sœur qui arrive. Brandon panique. Encore une fois, il jette le portable et entend un autre *CRAC !* Katie entre et prend la télécommande pour regarder *Dire la vérité*. *Dire la vérité* est un jeu télévisé, le jeu télévisé favori de Brandon. « Excellent ! », s'exclame Brandon, content. Brandon s'imagine participer au jeu télévisé. Il

écoute les questions et répond avec enthousiasme.

–Brandon, tu es ridicule ! lui dit
Katie.

–Je suis intelligent ! lui répond Brandon, content.

–Tu as l'intelligence d'un insecte !
lui dit Katie, irritée.

Brandon remarque que Katie a un Jolly Rancher® et lui demande d'une voix d'ange :

> – Katie, tu as un Jolly Rancher pour moi ?

> – Non.

> – Ooooh… S'il te plaît², lui dit Brandon, désespéré³.

---

²*s'il te plaît. - please (if it pleases you)*
³*désespéré. - desperate; without hope*

–Non ! lui répond Katie, irritée, et rapidement, elle va dans sa chambre.

Brandon regarde Katie et regarde le sofa. Il y a un Jolly Rancher sur le sofa ! Brandon appelle Katie :

– Kaaatiiie, mais Katie ne lui répond pas.

Brandon regarde le Jolly Rancher et

pense : « Rouge !... Le rouge est ma couleur favorite. » Brandon appelle Katie encore une fois mais Katie ne lui répond pas. Impatient, Brandon pense : «1, 2, 3... Si elle ne me répond pas encore une fois... »

Brandon prend le Jolly Rancher. Il le prend rapidement et s'exclame : « Miam, miam, miam ! Délicieux ! » Brandon est content et continue à regarder la télévision. Il joue à *Dire la vérité* et écoute le

présentateur du jeu : « Attention ! Vous avez[4] l'opportunité de gagner[5] des vacances à Disneyland ! Vous avez juste besoin d'un portable pour participer. » « Disneyland ! », s'exclame Brandon. « Fantastique ! »

Le présentateur continue et Brandon écoute attentivement : *« Dire la vérité* organise un concours spécial. Ce concours

[4]*vous avez - you (plural) have*
[5]*gagner - to win*

encourage l'honnêteté. C'est un concours de texto, des textos qui révèlent[6] l'honnêteté d'une personne spéciale. Une personne honnête va gagner. Prenez vos portables et participez ! Le numéro est 555-555-5555. Le numéro encore une fois...555-555-5555. »

« Youpi ! », s'exclame Brandon avec enthousiasme. « Je suis honnête. Je vais participer. Je vais gagner ! » Brandon a besoin du portable de sa maman. Rapidement, il

Braaandon

---

[6]*révèlent - (they) reveal*

16

prend le portable et entend la voix de sa sœur :

– Braaandon !

Brandon l'ignore et répète le numéro : « 555-555-5555, 555-555-5555 ». À ce moment-là, il entend sa sœur qui arrive. Quel problème !

– Braaandon ! lui dit Katie, irritée.

– Est-ce que tu as mon Jol... ?

Katie regarde Brandon et remarque que Brandon a un objet derrière[7] le sofa.

[7]derrière - behind

Paniqué, Brandon jette le portable. Il le jette et regarde Katie directement. Katie observe Brandon et elle n'est pas contente. Elle est furieuse ! Elle lui dit :

> – Brandon, c'est évident ce que tu as jeté derrière le sofa.

Ensuite, d'une voix furieuse, Katie appelle sa maman :

> – Mamaaan !

« Oh là là ! », pense Brandon. « Quel problème ! » Utiliser le portable de sa maman a des conséquences et Brandon pense aux conséquences. Il est anxieux. Il imagine les conséquences de jeter le portable et de ne pas dire la vérité. Il pense aux conséquences de ses actions et il est très très anxieux !

Chapitre 3
La confrontation

La maman de Brandon entend la dispute. Elle n'est pas contente.

– Quel est le problème ? s'exclame sa maman, irritée.

Katie répond immédiatement :

– Brandon a volé...

– Katie ! interrompt Brandon, paniquÉ. – Je ne l'ai pas volé. Je ne l'ai
pas.

Brandon est très anxieux. Il pense que
Katie va dire à sa maman qu'il a son portable. Il pense à d'énormes conséquences.

– Brandon, tu n'es pas innocent !

lui répond Katie impatiemment.

– Il est évident que tu as volé
mon Jolly Rancher !

20

– Ton Jolly Rancher ? lui répond
Brandon, surpris.

– Oui, mon Jolly Rancher, lui dit
Katie, irritée.

La maman de Brandon regarde Brandon et lui demande :

– Brandon, tu as le Jolly Rancher de
Katie ?

– Non, répond Brandon.

À ce moment-là,
la maman de Brandon remarque que
la bouche[1] de Brandon est très rouge.
Elle regarde sa
bouche et demande
à Katie :

[1]bouche - mouth

21

– Katie, de quelle couleur est ton Jolly Rancher ?

– Il est rouge.

– Braaandon ! lui dit sa maman, furieuse. – Tu ne m'as pas dit la vérité ! Il est évident que tu as volé le Jolly Rancher de Katie. Ta bouche est rouge.

– Mais, maman... tu m'as demandé si j'avais le Jolly. Je ne l'ai pas. C'est la vérité, lui dit Brandon, d'un air innocent.

– Je vais appeler ton papa et il ne va

pas être content, Brandon. Tes actions sont très malhonnêtes, lui dit sa maman d'un ton sérieux.

Ensuite, sa maman va appeler le papa de Brandon. Katie regarde Brandon avec dégoût[2]. Elle lui dit:

    – Brandon, tu es une personne très malhonnête, et elle s'en va aussi.

Brandon ne l'écoute pas vraiment[3]. Il

[2]*dégoût - disgust*
[3]*vraiment - truly; really*

pense au concours. Il pense à gagner des vacances à Disneyland. Il pense au portable de sa maman. Brandon a besoin du portable ! Il a besoin d'écrire un texto fantastique pour gagner le concours. Brandon prend le portable et le regarde avec horreur. « *Oh là là !* », s'exclame Brandon. Le

téléphone est détruit et Brandon n'est pas content. « Est-ce que le portable fonctionne ? », pense Brandon.

À ce moment-là, Brandon entend la voix de son papa :

– Bonjour !

– Bonjour, papa, dit Katie à son papa.

Ensuite, Brandon entend sa maman dire à son papa :

– Brandon est sur le sofa.

Brandon entend son papa arriver et il jette encore une fois le portable derrière le sofa.

Chapitre 4
Une leçon d'honnêteté

– Braaandon, appelle le papa d'un
ton sérieux.

« Aïe[1] ! », se dit Brandon, anxieux. Il est
évident que son papa n'est pas content.
Son papa entre et lui dit :

– Brandon, ta maman m'a dit que tu
as volé le Jolly de Katie et que tu

[1] *Aïe ! - Oh no!*

n'as pas dit la vérité. C'est vrai ?

Brandon n'écoute pas son papa. Il pense au concours et au portable de sa maman. « Est-ce que le portable fonctionne ? », se demande Brandon. Ensuite, il répète le numéro de téléphone : *555-555...*

– BRANDON ! s'exclame son papa, irrité. – Écoute-moi !

Brandon regarde son papa et l'écoute.

– Brandon, c'est très important de dire la vérité. Écoute... J'ai une histoire pour toi sur l'importance de dire la vérité :

C'est l'histoire d'une famille. Dans la famille, il y a une maman, un papa, un frère et une sœur. Le frère s'appelle Landon. La famille de Landon a une ferme[2]. Dans la ferme, il y a beaucoup d'animaux et Landon a la responsabilité de protéger les animaux. Landon a une attitude

[2]ferme - farm

négative... Il préfère jouer avec les animaux, et non pas protéger les animaux.

Un jour, Landon joue avec les animaux et il invente un jeu qui s'appelle 'Lion, Lion'. Landon appelle sa famille : « Un lion, un lion ! Il y a un lion ! », mais il ne leur dit pas la vérité.

Un lion!

La famille l'entend et arrive immédiatement. Son papa arrive rapidement pour sauver[3] les animaux, mais il n'y a pas de lion. Son papa lui demande : « Où est le

---

[3]*sauver - to save*

lion ? » et Landon lui répond : « Il n'y a pas de lion. C'est juste un jeu. » Son papa n'est pas content et lui dit : « Ton jeu est malhonnête. C'est important de dire la vérité ! »

Un autre jour, Landon décide de jouer encore une fois. Il appelle sa famille : « Un lion, un lion ! Il y a un lion ! » Immédiatement, son papa arrive pour sauver les animaux. Mais encore une fois, il n'y a pas de lion. Son papa lui demande : « Où est le lion ? » et Landon lui répond : « Il n'y a pas de lion. C'est juste un jeu. »

31

Son papa est furieux et lui dit : « Ton jeu est horrible. C'est très important de dire la vérité ! »

Un autre jour, Landon joue avec les animaux et un lion les attaque. Landon appelle sa famille : « Papa, maman ! Un lion, un lion ! Il y a un lion ! » Mais la famille de Landon n'arrive pas.

Landon les appelle encore une fois :

Un lion!

« Un lion attaque les animaux ! », mais la famille de Landon n'arrive pas. Ils ne répondent pas parce que Landon ne dit jamais la vérité.

Son papa ne le prend pas au sérieux et dit : « Landon ne dit jamais la vérité… Ignorez-le ! » Et la famille ignore Landon.

À la fin, le lion attaque les animaux et... Il attaque Landon ! La famille ne sauve pas les animaux parce que Brandon... euh... Landon n'est pas honnête. Il ne dit jamais la vérité.

****

Brandon n'écoute pas son papa. Il pense au concours. À la fin de l'histoire, il a une idée brillante... Le texto parfait[4] !

[4]*parfait - perfect*

Chapitre 5
L'accusation

Le papa de Brandon continue la leçon d'honnêteté :

> – Brandon, quand on ne dit pas la vérité, il y a des conséquences.

Brandon écoute son papa impatiemment. Il pense au concours et pense à son idée pour le texto. Le papa de Brandon

remarque qu'il est impatient, mais il continue la conversation.

Finalement, la maman de Brandon appelle la famille :

– À table !

« Aïe... Non ! », pense Brandon irrité, « j'ai besoin d'écrire mon texto pour participer au concours ! »

Brandon va manger, mais il n'est pas content. Il préfère écrire le texto et il mange en silence. Il ne participe pas à la conversation immédiatement, mais quand sa maman mentionne son portable, Brandon écoute.

– Ben, est-ce que tu as mon portable ? demande sa maman à son
papa.

– Non, lui répond son papa, curieux.

– C'est très mystérieux, dit sa
maman d'un ton sérieux. – Je
pense qu'on m'a volé mon portable.

Katie regarde Brandon et d'un air accusateur[1] s'exclame :

– Exactement ! Il est évident que
Brandon l'a volé !

[1]accusateur - accusatory (accusing)

Brandon est anxieux. Il pense : « Est-ce que Katie m'a observé quand j'avais le portable ? » Brandon se défend mais Katie ne l'écoute pas. D'un ton hostile[2], elle continue à accuser Brandon :

– Brandon est responsable du vol...
Il a beaucoup d'expérience en vol !
dit Katie d'un ton cruel.

– Je n'ai pas volé le portable, dit
Brandon, anxieux.

– Brandon, tu es un expert en vol et

[2]*hostile - hostile; harsh; unfriendly; aggressive*

tu ne dis pas la vérité. Tu es très malhonnête, lui dit Katie, furieuse.

« Oh là là ! », pense Brandon anxieux. « Ne pas dire la vérité cause beaucoup de problèmes. Après[3] le concours, je vais dire la vérité. »

Après le dîner, Brandon et Katie regardent la télé. À la télé, ils regardent des

[3]après - after

lions manger une antilope.

> – Aïe ! dit Brandon. – Les lions sont
> très violents !

> – Ils ne sont pas violents, ils sont in-
> telligents, lui dit Katie.

> – Mais les lions mangent les autres
> animaux ! s'exclame Brandon, sur-
> pris.

> – Manger les autres animaux n'est
> pas violent. C'est normal, lui ré-

pond Katie et d'un ton cruel elle continue : – Et il y a aussi des conséquences logiques pour les frères qui ne disent jamais la vérité.

Brandon pense à l'histoire de Landon. Il pense au lion qui a mangé Landon et il pense aux lions de la télé. Il pense aussi au commentaire de Katie : « Il y a des conséquences logiques pour les frères qui ne disent jamais la vérité. » Brandon est

très très anxieux. Il pense aux conséquences logiques quand on ne dit pas la
vérité. Il se demande : « Est-ce qu'il est
vraiment évident que j'ai volé le portable
de maman ? Est-ce que le portable fonctionne ? Est-ce que les conséquences vont
être horribles ? »

Il pense aussi au concours : « J'ai besoin de participer au concours ! J'ai besoin
d'écrire le texto parfait. »

Chapitre 6
Le texto

À 6h00 du matin[1], Brandon est dans sa chambre et il pense au concours. « J'ai besoin du portable de maman », pense Brandon, anxieux. Brandon décide que c'est le moment parfait pour écrire son texto et il va vers le sofa silencieusement.

[1]6h00 du matin - 6 o'clock in the morning

Le porta-
ble est der-
rière le sofa et
c'est difficile
de le prendre.
« Zut ! », se
dit Brandon,
frustré. Bran-
don essaye[2]
de prendre le
p o r t a b l e,
mais il ne le
prend pas si-

lencieusement. POUM, POUM, PAF !
Quelle agitation[3]! Quel problème ! La
maman de Brandon est dans sa chambre
et entend de l'agitation. Elle pense :

[2]*essaye (de prendre) - he tries (to grab)*
[3]*agitation - agitation; commotion; fuss*

44

« Qu'est-ce qui se passe ?! » Rapidement, elle va s'informer[4].

Brandon entend sa maman qui arrive et paniqué il se jette[5] derrière le sofa. Brandon est très, très anxieux. Il écoute en silence sa maman entrer. Sa maman est perplexe[6]. Elle regarde le sofa et la télé,

[4]*s'informer - to inform herself; investigate*
[5]*se jette - he throws himself*
[6]*perplexe - perplexed; confused; baffled*

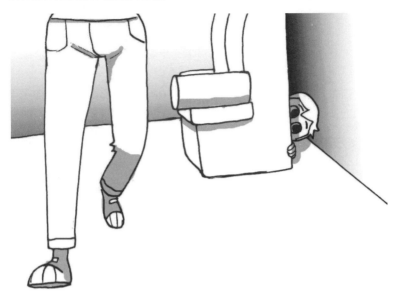

mais elle ne remarque rien d'anormal. Une minute après, sa maman abandonne sa recherche et va dans sa chambre.

« Ouf ! », se dit Brandon anxieux. « Ma maman ne m'a pas remarqué... Quelle chance ! »   Brandon prend le portable et l'inspecte. Il remarque que le portable fonctionne et il est très content. « Excellent ! », s'exclame Brandon. Brandon essaye d'écrire un texto mais c'est difficile quand on a juste six ans[7]. Écrire des textos est difficile parce que Brandon n'a pas beaucoup d'expérience.

Brandon pense au texto et quelques minutes après, il a une idée brillante : utiliser une autre appli qui s'appelle 'voix à texto'. « Je suis intelligent ! », se dit Brandon, content. « Je vais utiliser 'voix à texto' ! Je vais dire mon message dans le micro[8] », pense Brandon.

---

[7] on a juste six ans - one has just six years (someone is just six years old)

[8] micro - microphone

Ensuite, Brandon pratique son message : « Brandon est honnête. » Satisfait, Brandon se prépare à dire son message dans le micro. Il entend le BIP du micro et dit son message avec beaucoup d'enthousiasme : « Brandon est honnête », mais le résultat est incorrect ! Le message dit : « Brando n'est honnête. »

Brandon regarde le message et le prononce avec difficulté: « B r a a a n… d o … n'e s t… hon…nête.» Brandon est perplexe et répète le mes-sage : « Brando… n'est…?? honnête…?? » « Quel problème ! », s'exclame Brandon avec horreur. « Oh là là ! »

Ensuite, Brandon élimine le texto et dit le message encore une fois dans le micro : « Brandon est honnête. » Mais encore une fois, le résultat est incorrect. Quel problème ! Brandon est irrité ! Il élimine le texto et d'une prononciation exagérée, il répète le texto à voix haute[9] : « BRANDON EST HONNÊTE ! »

La maman de Brandon l'entend et va s'informer rapidement. Brandon entend sa maman: *TAP, TAP, TAP, TAP.* Il l'entend arriver. Paniqué, Brandon jette le portable sous[10] le sofa.

[9]*à voix haute - with a loud voice; outloud*
[10]*sous - under(neath) the*

Sa maman entre et regarde derrière le sofa. Elle observe Brandon et lui demande, irritée :

>— Brandon, pourquoi es-tu derrière le sofa ?

Anxieux, Brandon lui répond :

>— Euh... Je joue.

>— Tu me dis la vérité ?

>— Oui, lui répond Brandon malhonnêtement.

– Et pourquoi tu joues derrière le sofa à 6h15 du matin ?

– Aaaaahhh... euh..., lui répond Brandon.

Impatiente, sa maman s'exclame :

– Va dans ta chambre !

Brandon va rapidement dans sa chambre. Il entre et il se dit : « J'ai besoin d'écrire le texto ! »

Chapitre 7
Attrapé

    À 8h00 du matin, Brandon est dans sa chambre et il pense au concours. « C'est urgent ! J'ai besoin d'écrire le texto. », se dit Brandon. Brandon entend sa famille. Il entend sa sœur et sa maman qui mangent des céréales. Brandon décide que c'est le moment parfait pour écrire le texto. Brandon va silencieusement vers le sofa. Le portable est sous le sofa et Brandon le prend rapidement.

Brandon essaye d'écrire un texto encore une fois. Il prépare le micro et quand il entend le BIP, Brandon dit son message d'une prononciation exagérée :

« Brandon est honnête. »

Le résultat est encore une fois incorrect ! « Est-ce que le portable ne comprend pas le français ? », pense Brandon, « ou est-ce qu'il est possible que le micro détecte une personne malhonnête ? »

Frustré, Brandon élimine le message et il décide d'écrire un autre message. Il dit au micro : « Brandon dit la– » À ce moment-là, un DING DONG interrompt le message. Brandon est irrité ! Il s'exclame : « Oh là là ! J'ai besoin d'écrire le texto. » Brandon entend le DING DONG. C'est l'amie de sa sœur.

– Bonjour, Laura, dit sa sœur à son amie.

– Bonjour, Katie, lui répond son amie. – Allons jouer aux jeux vidéo, lui dit Laura avec enthousiasme.

Ensuite, Brandon entend Katie et Laura qui arrivent. Brandon abandonne le texto et rapidement, il jette le portable sous le sofa. Katie et Laura entrent et jouent aux jeux vidéo.

Brandon n'est pas content ! Il les regarde jouer avec impatience. Après quelques minutes, Brandon dit à Katie :

– Pourquoi est-ce que vous ne jouez pas dans ta chambre ?

Mais Katie et Laura ignorent Brandon et continuent à jouer aux jeux vidéo. Après quelques minutes de plus, Brandon leur dit :

> – Pourquoi est-ce que vous ne jouez pas avec les Legos® ?

Irritée, Katie dit à Laura :

> – Aïe ! Mon frère m'irrite ! Allons dans ma chambre pour lui échapper. Allons jouer dans ma chambre.

Irritées, Katie et Laura vont dans la chambre de Katie.

Brandon est content. Il regarde sous le sofa et prend le portable. Ensuite, Brandon regarde le message incomplet : « Brandon dit la... » et il se dit : « J'ai juste besoin de compléter le message. » Très anxieux, Brandon dit « vérité » dans le micro, mais à ce moment-là, Laura entre. Paniqué,

Brandon jette le portable sous le sofa. Laura regarde Brandon bizarrement. Elle lui dit :

– Tu es très bizarre[1] !

Ensuite, Laura prend sa veste et s'en va. Brandon est très anxieux et se demande : « Est-ce que Laura va dire à Katie que j'ai le portable de ma maman ? » Il pense : « Ne pas dire la vérité cause beaucoup de stress et beaucoup de problèmes ! »

[1]*bizarre - bizarre; strange; weird*

Chapitre 8
Le récipient du texto

Brandon est très stressé. « C'était une erreur terrible de ne pas dire la vérité à ma maman. Quand on ne dit pas la vérité, il y a des conséquences », se dit Brandon. Il pense à ses actions malhonnêtes. Brandon décide de dire la vérité après le concours.

Brandon regarde le portable et s'exclame : « Oh là là ! C'est le 23 juillet. » Brandon remarque qu'il est 9h58 du matin ! J'ai juste 2 minutes pour participer au concours ! J'ai besoin de participer au concours immédiatement. C'est urgent !

Ensuite, Brandon examine le message. Il répète le message : « Brandon dit la vérité. » Il est sur le point de terminer le texto

pour participer au concours mais il est perplexe. Le portable dit que son papa, Ben Brown, est le récipient du texto. « Oh là là ! Quel

problème ! », s'exclame Brandon paniqué.
« Je n'ai pas entré le numéro du concours !
C'est le numéro de mon papa. Mon papa
est le récipient du texto ! »

Le plus rapidement possible, Brandon
élimine le texto. En-
suite, il entre le nu-
méro du concours:
555-555-5555   et
prépare le micro.
Quand il entend
le BIP du micro,
il dit : « Brandon
est très, très hon-
nête. »

Brandon exa-
mine le mes-
sage. Le texto dit
« Brandon   est

très très honnête. » Ensuite, Brandon regarde le numéro : 555-555-5555. C'est
correct. Brandon le regarde avec beaucoup de satisfaction.

Ensuite, ZOU !... Le texto s'en va. Finalement, Brandon participe au concours !

Chapitre 9
Le gagnant[1]

Après quelques minutes, Brandon regarde la télé. Il regarde *Dire la vérité* et il est très impatient! C'est la finale du concours et le présentateur du jeu va annoncer la personne qui a gagné le

[1]gagnant - winner

concours.

« Dans 2 minutes, nous allons annoncer le gagnant du concours », dit le présentateur avec beaucoup d'enthousiasme. Brandon l'écoute et il est très impatient. À ce moment-là, Katie entre et regarde Brandon. Elle remarque que Brandon est très impatient.

–Brandon, tu es ridicule ! lui dit Katie, irritée. – Tu n'es même pas[2] un participant du concours.

[2]*tu n'es même pas - you're not even (a participant)*

– Si, je suis un participant, répond Brandon content.

– Tu n'as même pas de portable ! lui dit Katie, irritée. – Tu as besoin d'un portable pour y participer.

Brandon ignore Katie parce qu'à ce moment-là, le présentateur de *Dire la vérité* dit avec enthousiasme : « C'est le 23 juillet, le jour de l'annonce du gagnant du concours ! Les instructions sont importantes. Écoutez... »

Brandon écoute atten-tivement et le présentateur continue :

« Je vais répéter le message de la personne qui a gagné. Si vous entendez votre message, appelez immédiatement de votre portable. Vous avez besoin de nous appeler du portable pour confirmer que vous êtes le véritable[3] gagnant. Le gagnant a 2 minutes pour appeler. »

Pour Brandon, il est impossible de contenir son excitation. Il est super impatient !

[3]*véritable - true; real; actual*

Katie l'observe avec curiosité. Elle se demande : « Brandon est vraiment un participant de ce concours ? Est-ce possible ? »

Le présentateur continue : « Ok, c'est le moment d'annoncer le gagnant des vacances à Disneyland... Écoutez, je vais répéter le texto : « Brandon est très très honnête. »

Brandon entend son texto et il est super content ! Il s'exclame : « Youpi, youpi ! J'ai gagné, j'ai gagné ! » Katie le regarde et elle est très surprise ! Elle s'exclame impatiemment :

— Brandon, appelle ! Appelle l'émission ! Tu as juste 2 minutes pour appeler.

Le plus rapidement possible, Brandon prend le portable de sous le sofa. Il essaye d'appeler *Dire la vérité*, mais il y a un problème. Il essaye d'appeler encore une fois mais le portable ne fonctionne pas ! Brandon inspecte le portable et désespéré, dit à Katie :

– Le portable ne fonctionne pas !

Katie prend le portable et l'examine.

Elle remarque que le portable est détruit et s'exclame :

– Le portable est détruit !

– Il n'est pas détruit, c'est la batterie ! J'ai besoin de charger le portable, lui répond Brandon d'un ton désespéré.

Le présentateur de l'émission s'exclame : « Vous avez juste 10 secondes pour appeler, 10 secondes pour confirmer que vous êtes le gagnant. 10, 9, 8, 7, 6, 5, 4... » Il est évident que Brandon ne va pas gagner de vacances. « Ok », dit le présentateur, « nous allons sélectionner un autre gagnant. » « Nooooon ! », s'exclame Brandon frustré. « Ouin ouin ouin » Brandon est très désillusionné[4].

---

[4]désillusionné - disillusioned (disappointed)

Katie aussi est désillusionnée. Elle regarde Brandon avec dégoût et appelle sa maman. Brandon pense aux conséquences de ses actions malhonnêtes. Il pense : « Je vais dire la vérité. Ne pas dire la vérité cause beaucoup de problèmes ! »

Chapitre 10
La vérité

– Mamaaaan ! appelle Katie d'une voix cruelle. – Brandon a ton portable.

Sa maman entre et Katie continue :

– Brandon a volé ton portable. Il l'a volé et il a participé à un concours

de *Dire la vérité*. Il a gagné le concours mais il était impossible d'appeler pour confirmer...

Katie explique la situation à sa maman. La maman de Brandon écoute l'histoire et n'est pas contente. Brandon est très triste et l'écoute en silence. Il pense aux conséquences de ses actions malhonnêtes et se défend :

— Mais maman... lui dit Brandon d'une voix triste, — je n'ai pas volé

ton portable. Ton portable était sous le sofa. Je ne l'ai pas volé.

– Brandon, dis-moi la vérité, lui dit sa maman d'une voix ferme.

– C'est la vérité, maman, dit Brandon d'une voix triste. – Ton portable était sous le sofa.

– Ne prétend pas être innocent ! s'exclame Katie, irritée.

Brandon est anxieux. Il pense confesser ses actions malhonnêtes, mais il décide de continuer avec sa version de l'histoire :

– Ce matin, j'ai remarqué que le portable était sous le sofa. Ensuite, je l'ai utilisé pour participer au concours. Après le concours, j'avais l'intention de te dire que ton portable était sous le sofa.

Brandon explique les circonstances. C'est évident : il est très triste. Sa maman écoute et remarque que Brandon est très désillusionné et très triste. Sa maman décide d'accepter son explication. Elle prend son portable et remarque que le portable est détruit. Elle n'est pas contente, mais elle ne dit rien. Elle va le charger en silence.

Brandon est triste, mais il est content

aussi. Sa maman a accepté son explication et il n'y a pas de conséquences pour ses actions malhonnêtes ! Brandon pense : « Je vais dire la vérité. Ne pas dire la vérité cause beaucoup de problèmes. »

Après quelques minutes, le portable est chargé. La maman de Brandon l'inspecte et remarque que Brandon a écrit le texto à 10h00 du matin, le 23 juillet. Mais elle re-

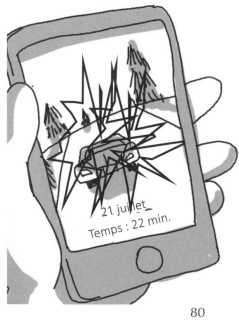

marque aussi que le 21 juillet, Brandon a joué à *Nascar*. Il a joué à *Nascar* pendant 22 minutes !

21 juillet
Temps : 22 min.

Furieuse, la maman de Brandon s'exclame:

– Braaaaandon Browwwn !

Brandon entend la voix de sa maman et imagine des conséquences terribles. Il pense : « C'est très important de dire la vérité. »

Glossaire

A

a - (s/he) has
> **n'a pas -** (s/he) does not have

à - at; to

à __h00 - at _ o'clock

à ce moment-là - at that moment

à la fin - in the end

abandonne - (s/he) abandons; (s/he) gives up

accepter - to accept

accepté - accepted
> **a accepté -** (s/he) accepted; (s/he) has accepted

accusateur - accusatory

accusation - accusation

accuser - to accuse

actions - actions

agitation - agitation; commotion

ai - (I) have
> **j'ai -** I have
> **ne l'ai pas volé -** (I) did not steal; (I) have not stolen it

aïe - ouch; oh!

air - air
> **d'un air innocent -** air of innocence (innocently)

allons - let's go
> **(nous) allons -** we go

amie - friend *(fem.)*

ange - angel

animaux - animals

anormal - abnormal

annonce - announcement

annoncer - to announce

ans - years

antilope - antelope

anxieux - anxious, nervous

appeler - to call

appelez - call *(command)*

appelle - (s/he) calls
> **s'appelle -** (s/he) calls her/himself; (her/his name is)

appli - app; application

application - application

après - after

arrive - (s/he) arrives

arrivent - (they) arrive

arriver - to arrive

as - (you) have

attaque - (s/he) attacks

attention - attention

attentivement -
attentively

attitude - attitude

attrapé - caught

au - to the, at the, in the

aussi - also

authorisation - authorization;
permission

autre - other

autres - other(s)

aux - to the; at the; in the
(plural)

avais - (I/you) had

n'avais pas - (I/you) did not
have

avec - with

avez - (you pl.) have

  avez besoin - (you pl.)
need; (have need)

B

batterie - battery

beaucoup d(e) - a lot of
  beaucoup d'animaux - a lot
of animals

beaucoup de problèmes - a
lot of problems

besoin - need

bip - beep

bizarre - bizarre

bizarrement - bizarrely;
strangely

bonjour - hello

bouche - mouth

brillante - brilliant

C

cause - causes

ce - this

c'est - it is

c'était - it was

chambre - sleeping cham-
bers; bedroom

chance - luck

chapitre - chapter

céréales - cereal

chargé - charged

charger - to charge

circonstances - circum-
stances

commentaire - comment

commente - (s/he) comments

communiquent - (they) com-
municate

compléter - to complete

compétition - competition

comprend - comprehend; understand

se concentre - (s/he) concentrates; focuses

se concentrer - to concentrate, focus

concours - contest; competition

confesser - to confess

confirmer - to confirm

confrontation - confrontation

conséquences - consequences

contenir - to contain

content - happy *(masc.)*

contente - happy *(fem.)*

continue - (s/he) continues

continue à se concentrer - (s/he) continues to focus

continuent - (they) continue

continuer - to continue

conversation - conversation

correct - correct

couleur - color

crac - crack, crash

cruel - cruel *(masc.)*

cruelle - cruel *(fem.)*

curieux - curious, eager to learn

curiosité - curiosity

D

dans - in; inside

d' (de) - of; from; to

d'un air - with an air (attitude)

d'une voix - with a voice

de - of; from; to

décide - (s/he) decides

décide d'accepter - decides to accept

défend - (s/he) defends

  se défend - (s/he) defends her/himself

délicieux - delicious

demande - (s/he) asks

derrière - behind

des - some

désespéré - desperate

désillusionné - disillusioned *(masc.)*

désillusionnée - disillusioned *(fem.)*

détecte - (s/he) detects

détruit - destroyed

Glossaire

deux - two

dégoût - disgust

difficile - difficult

difficulté - difficulty

ding dong - ding dong (doorbell sound)

dîner - dinner

dire - to say; to tell

dire la vérité - to tell the truth

directement - directly

dis - (you) say; (you) tell

dis-moi - tell me

tu ne me dis pas la vérité - you are not telling me the truth

dispute - dispute; fight

dit - (s/he) says; (s/he) tells

leur dit - (s/he) tells them

lui dit - (s/he) tells him/her

m'as dit - (you) told me

du - of the *(masc.)*

E

échapper - to escape

écoute - (s/he) listens

écoutez - listen *(command)*

écrire - to write

écrit - (s/he) writes

a écrit - (s/he) wrote; (s/he) has written

élimine - (s/he) eliminates

elle - she

émission - TV program

une émission sur les lions - a TV program about lions

en - in

en silence - in silence

encore - more

encore une fois - one more time

encourager - to encour-age

énormes - enormous

ensuite - next, then

entend - (s/he) hears

entends - (you) hear

entendez - (you pl.) hear

entendu - heard

a entendu - (s/he) heard; (s/he) has heard

enthousiasme - enthusiasm

entre - (s/he) enters

entré - entered

je n'ai pas entré le numéro - I did not enter the number; I have not entered the number

entrent - (they) enter

entrer - to enter

  il est entré - he entered

  je suis entré - I entered

erreur - error

es - (you) are

essaye d(e) - (s/he) tries to

est - (s/he) is

et - and

était - (s/he) was

êtes - (you pl.) are

être - to be

euh - um, er

évident - evident, obvious

  il est évident que - it is evident (obvious) that

exactement - exactly

exagérée - exaggerated *(fem.)*

examine - (s/he) examines

excellent - excellent

excitation - excitation; excitement

expérience - experience

expert - expert

explication - explanation

explique - (s/he) explains

F

famille - family

fantastique - fantastic

favori - favorite *(masc.)*

favorite - favorite *(fem.)*

ferme - farm *(noun)*

ferme - firm *(adj.)*

fin - end

finale - finale; end

finalement - finally

fois - time

  encore une fois - one more time

fonctionne - (it) functions; (it) works

français - French

frère(s) - brother(s)

frustré - frustrated *(masc.)*

furieuse - furious *(fem.)*

furieux - furious *(masc.)*

G

gagnant - winner

gagné - won

  a gagné - (s/he) won; (s/he) has won

  ai gagné - (I) have won; I won

gagner - to win

H

haute - high; loud
    voix haute - loud voice
histoire - story
honnête - honest
honnêteté - honesty
horreur - horror
horrible(s) - horrible
hostile - hostile; unfriendly

I

idée - idea
ignore - (s/he) ignores
ignorent - (they) ignore
ignorez - ignore *(command)*
ignorez-le ! - ignore him!
il - he
il y a - there is
il n'y a pas - there isn't
ils - they
imagine - (s/he) imag-ines
  s'imagine - (s/he) imagines
      her/himself
immédiatement - immediate-ly
impatiemment - impatiently
impatience - impatience

impatient - impatient *(masc.)*
importance - importance
impatiente - impatient *(fem.)*
important - important
    (masc.)
importante(s) - important
    (fem.)
impossible - impossible
incomplet - incomplete
incorrect - incorrect
innocemment - innocently
insecte - insect
inspecte - (s/he) inspects
instructions - directions
intelligent(s) - intelligent
    (masc.)
intention - intention
interrompt - (s/he) interrupts
invente - (s/he) invents
investigation - investigation
irrite - (sh/e) irritates
m'irrite - (sh/e) irritates me
irrité - irritated *(masc.)*
irritée(s) - irritated *(fem.)*

J

jamais - never
je - I

j' - I (followed by a verb starting with a vowel)

  j'ai - I have

  j'avais - I had

jeté - thrown

  tu as jeté - you threw, have thrown

jette - (s/he) throws

jeu - game

jeu télévisé - game show

jeux - games

jeux vidéo - video games

joue - (s/he) plays

joue à *Nascar* - (s/he) plays 'Nascar'

joué - played

  a joué - (s/he) played; (s/he) has played

jouent - (they) play

jouer - to play

joues - (you) play

jouez - (you pl.) play

jour - day

juillet - july

juste - just; only

L

la - the *(fem.)*

le - the *(masc.)*

l' - the (followed by a noun starting with a vowel)

  l'accusation - the accusation

  l'agitation - the agitation; the commotion

  l'amie - the friend *(fem.)*

  l'annonce - the announcement

  l'application - the application

  l'authorisation - the authorization; the permission

  l'histoire - the story

  l'honnêteté - the honesty

  l'importance - the importance

  l'intelligence - the intelligence

  l'opportunité - the opportunity

le - him; it

l' - him/her (followed by a verb starting with a vowel)

  l'a volé - (s/he) stole, has stolen it

  l'écoute - (s/he) listens to him/her

l'entend - (s/he) hears him/her

l'examine - (s/he) examines it

l'ignore - (s/he) ignores him/her

l'inspecte - (s/he) inspects it

l'observe - (s/he) observes him/her

l'a volé - (s/he) stole it; (s/he) has stolen it

ne l'ai pas volé - (I) did not steal it; (I) have not stolen it;

leçon - lesson

les - the *(plural)*

leur - them

leur dit - (s/he) tells them

lion(s) - lion(s)

logiques - logical

lui - (to) him, her

lui demande - (s/he) asks him/her

lui dit - (s/he) tells him/her

pour lui échapper - to escape from him/her

lui répond - (s/he) answers him/her

M

ma - my *(fem.)*

mais - but

malhonnête(s) - dishonest

malhonnêtement - dishonestly

maman - mom

mangé - eaten

a mangé - (s/he) ate, has eaten

mange - (s/he) eats

mangent - (they) eat

manger - to eat

matin - morning

me - me

tu me dis la vérité ? - are you are telling me the truth ?

m' - me *(followed by a verb starting with a vowel)*

m'a dit - (s/he) told me; (s/he) has told me

m'a observé - (s/he) observed me; (s/he) has observed me

ne m'a pas remarqué - (s/he) did not notice me; (s/he) has not noticed me

m'a volé - (s/he) stole from me; (s/he) has stolen from me

m'as demandé - (you) asked me; you have asked me

ne m'as pas dit la vérité - (you) did not tell me the truth; you have not told me the truth

m'entends - (you) hear me

mentionne - (s/he) mentions

message - message

miam - yum

micro - microphone

minute - minute

minutes - minutes

moi - me

moment - moment

  à ce moment-là - at that moment

mon - my *(masc.)*

mystérieux - mysterious

N

naturelles - natural

n(e) ... pas - do not, does not, not

négative - negative

non - no

normal - normal

nous - we

numéro - number

O

on - one; someone

objet - object

observé - observed

observe - (s/he) observes

oh - oh

ok - ok

ont - (they) have

opportunité - opportunity

optimiste - optimistic

organise - (s/he) organizes

où - where

oui - yes

ouin - waa

P

paf - wham

paniqué - panicked

panique - s/he panics

papa - dad

parce que - because

parfait - perfect

participant - participant

participe - (s/he) participates

participer (à) - to participate (in)

participez - participate *(command)*

pas, ne...pas - not

se passe - (it) happens

  Qu'est-ce qui se passe ? - What is going on?

pendant - during

pense (à) - (s/he) thinks (about)

perplexe - confused, perplexed

personne - person

plaît - (it) pleases

  s'il te plaît - please; (if it pleases you)

plus - more

point - point

  sur le point de - about to; at the point of

portable(s) - cell phone(s)

possible - possible

poum - bang, boom

pour - for; to; in order to

pourquoi - why

pratique - (s/he) practices

préfère - prefers

prend - (s/he) takes

  ne prend pas au sérieux - (s/he) does not take seriously

prendre - to take

prenez - take

prépare - (s/he) prepares

présentateur - TV show host

prétend - pretend

problème - problem

problèmes - problems

prononce - (s/he) pronounces

prononciation - pronunciation

protéger - to protect

Q

quand - when

que - that

qu' - that

  qu'elle - that she

  qu'il - that he

  décide qu'il va dire - decides that he is going to tell

  qu'on - that someone

  je pense qu'on m'a volé - I think that someone stole (from me)

quel problème ! - what a problem!

quelle couleur - which (what) color

quelle agitation ! - what a commotion!

quelle chance ! - what luck!

quelques - some

  quelques minutes de plus - a few more minutes

qu'est-ce que... ? - what does...?

questions - questions

qui - who, that

R

rapidement - quickly

récipient - recipient; receiver

regarde - (s/he) looks at; (s/he) watches

regardent - (they) look at; (they) watch

regarder - to look at; to watch

recherche - research

remarqué - noticed

  j'ai remarqué - I noticed; I have noticed

remarque - (s/he) notices

répond - (s/he) answers

répondent - (they) respond; (they) answer

répète - (s/he) repeats

répéter - to repeat

responsabilité - responsibility

responsable - responsible

résultat - result

révèlent - (they) reveal

ridicule - ridicule

rien - nothing

  rien d'anormal - nothing abnormal

rouge - red

S

sa - his/her *(fem.)*

s'appelle - (s/he) calls her/himself; (her/his name is)

satisfaction - satisfaction

satisfait - satisfied

sauve - (s/he) saves

sauver - to save

se - her/himself

se défend - (s/he) defends her/himself

se passe - (it) happens

Qu'est-ce qui se passe ? - What is going on?

secondes - seconds

sélectionner - to select

s'en va - (s/he) goes away; (s/he) is going away

sérieux - serious *(masc.)*

ses - his/her *(plural)*

s'exclame - (s/he) exclaims

si - if; yes (when contradicting a statement)

s'il te plaît - please; (if it pleases you)

silence - silence

silencieusement - silently

situation - situation

six - six

sofa - sofa

solution - solution

son - his/her *(masc.)*

sont - (they) are

sous - under

spéciale - special *(fem.)*

stress - stress

stressé - stressed

suis - (I) am

super - super

sur - on top of, on, about

sur le sofa - on the sofa

sœur - sister

surpris - suprised *(masc.)*

surprise - surprised *(fem.)*

T

ta - your *(fem.)*

table - table

te - you *(object)*

te dire - to tell you

terminer - to terminate; to finish

terrible(s) - terrible

tes - your *(plural)*

texto - text

télé - TV

télécommande - remote

téléphone - telephone

télévision - television

toi - you *(object of preposition; stressed pronoun)*

ton - your *(masc.)*

ton - tone

toute - all *(fem.)*

toute son attention - all his/her attention

triste - sad

très - very

tu - you *(subject)*

U

un - a *(masc.)*
une - a *(fem.)*
urgent - urgent
utiliser - utilize, use

V

va - (s/he) goes/is going
  va annoncer - (s/he) is going to announce
  va appeler - (s/he) is going to call
  va dire - (s/he) is going to tell
  (ne) va (pas) être - is (not) going to be
  va gagner - (s/he) is going to win
  va le charger - (s/he) is going to charge it
  va manger - (s/he) is going to eat
s'en va - (s/he) goes away/is going away
vacances - vacation
vais - (I) go/ am going
vas - (you) go/ are going
vérité - truth
véritable - true

le véritable gagnat - the true winner
vers - towards
version - version
veste - vest, jacket
vidéo - video
  jeu vidéo - video game
violent(s) - violent
voix - voice
vol - theft
volé - stolen
  l'a volé - (s/he) stole it; (s/he) has stolen it
  ne l'ai pas volé - (I) did not steal it; (I) have not stolen it;
vont - (they) go; they are going
vos - your *(plural))*
  vos portables - your cell phones
votre - your
vous - you (pl.)
  vous avez - you (pl.) have
vrai - true
vraiment - really
youpi - hurrah
zou ! - whoosh!
zut ! - shoot!

Fluency Matters

Fluencymatters.com

About the Author

Founder and President of Fluency Matters, **Carol Gaab** writes, edits and publishes SLA-friendly resources for novice to advanced levels. She has authored and co-authored Spanish curricula for elementary through upper levels and numerous Comprehension-based™ readers, including *Brandon Brown quiere un perro, Brandon Brown dice la verdad, Brandon Brown hace trampa, Brandon Brown versus Yucatán, El nuevo Houdini, Tezcatlipoca, Piratas del Caribe y el mapa secreto, Problemas en Paraíso, La hija del Sastre, Piratas del Caribe y el Triángulo de las Bermudas, Esperanza* and *Felipe Alou: Desde los valles a las montañas.*

Carol has been providing teacher training in CI-based strategies since 1996. She is the director of iFLT (International Forum on Language Teaching) and was a presenter for the Bureau of Education and Research for 9 years. She was also a Spanish/ESL teacher for 25 years, most notably twenty years teaching for and directing the San Francisco Giants' U.S. and Dominican Language programs.